TEADORAR

Manuel Bandeira

TEADORAR

Ilustrações
Orlando Pedroso

São Paulo
2015

© Condomínio dos Proprietários dos Direitos Intelectuais de Manuel Bandeira
Direitos cedidos por Solombra – Agência Literária (solombra@solombra.org)
1ª Edição, Global Editora, São Paulo 2015

Jefferson L. Alves – diretor editorial
Cecília Reggiani Lopes – seleção
Gustavo Henrique Tuna – editor assistente
André Seffrin – coordenação editorial
Flávio Samuel – gerente de produção
Flavia Baggio – assistente editorial e revisão
Orlando Pedroso – ilustrações
Eduardo Okuno – projeto gráfico

A Global Editora agradece à Solombra – Agência Literária pela gentil cessão dos direitos de imagem de Manuel Bandeira.

Obra atualizada conforme o
NOVO ACORDO ORTOGRÁFICO DA LÍNGUA PORTUGUESA.

CIP-BRASIL. CATALOGAÇÃO NA PUBLICAÇÃO
SINDICATO NACIONAL DOS EDITORES DE LIVROS, RJ

B166t
    Bandeira, Manuel, 1886-1968
    Teadorar / Manuel Bandeira ; coordenação André Seffrin ; ilustração Orlando Pedroso. – 1. ed. – São Paulo : Global, 2015.

    ISBN 978-85-260-2150-1

    1. Poesia brasileira. I. Seffrin, André, 1965-. II. Pedroso, Orlando. III. Título.

14-18416
                            CDD: 869.91
                            CDU: 821.134.3(81)-1

Direitos Reservados

global editora e distribuidora ltda.
Rua Pirapitingui, 111 – Liberdade
CEP 01508-020 – São Paulo – SP
Tel.: (11) 3277-7999 – Fax: (11) 3277-8141
e-mail: global@globaleditora.com.br
www.globaleditora.com.br

Colabore com a produção científica e cultural.
Proibida a reprodução total ou parcial desta obra sem a autorização do editor.

Nº de Catálogo: **3535**

Sumário

Toada   **8**

Segunda canção do beco   **10**

Trova   **13**

Outra trova   **15**

Tema e variações   **16**

Neologismo   **18**

Mascarada   **20**

Rondó do capitão   **25**

Piscina   **26**

Pousa a mão na minha testa   **28**

Canção   **30**

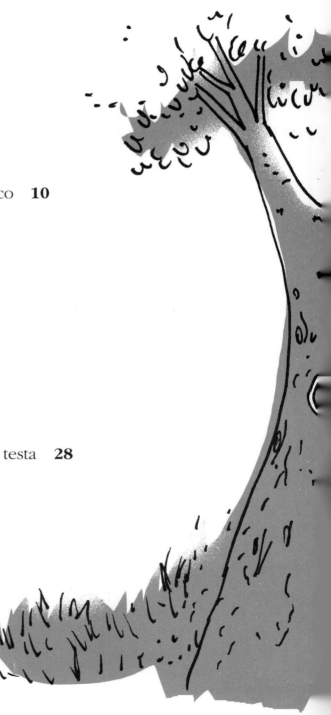

Desafio **32**

Haicai tirado de uma falsa lira de Gonzaga **35**

O exemplo das rosas **37**

Confissão **38**

Chama e fumo **40**

Cantiga **44**

Arte de amar **46**

Balada para Isabel **49**

Madrigal muito fácil **53**

Toada

Fui sempre um homem alegre.
Mas depois que tu partiste,
Perdi de todo a alegria:
Fiquei triste, triste, triste.

Nunca dantes me sentira
Tão desinfeliz assim:
É que ando dentro da vida
Sem vida dentro de mim.

Segunda canção do beco

Teu corpo moreno
É da cor da praia.
Deve ter o cheiro
Da areia da praia.
Deve ter o cheiro
Que tem ao mormaço
A areia da praia.

Teu corpo moreno
Deve ter o gosto
De fruta de praia.
Deve ter o travo,
Deve ter a cica
Dos cajus da praia.

Não sei, não sei, mas
Uma coisa me diz
Que o teu corpo magro
Nunca foi feliz.

Trova

Atirei um limão-doce
Na janela de meu bem:
Quando as mulheres não amam,
Que sono as mulheres têm!

Outra trova

Sombra da nuvem no monte,
Sombra do monte no mar.
Água do mar em teus olhos
Tão cansados de chorar!

Tema e variações

Sonhei ter sonhado
Que havia sonhado.

Em sonho lembrei-me
De um sonho passado:
O de ter sonhado
Que estava sonhando.

Sonhei ter sonhado...
Ter sonhado o quê?
Que havia sonhado
Estar com você.
Estar? Ter estado,
Que é tempo passado.

Um sonho presente
Um dia sonhei.
Chorei de repente,
Pois vi, despertado,
Que tinha sonhado.

Neologismo

Beijo pouco, falo menos ainda.
Mas invento palavras
Que traduzem a ternura mais funda
E mais cotidiana.
Inventei, por exemplo, o verbo teadorar.
Intransitivo:
Teadoro, Teodora.

Petrópolis, 25 de fevereiro de 1947

Mascarada

Você me conhece?

(Frase dos mascarados de antigamente.)

– Você me conhece?
– Não conheço não.
– Ah, como fui bela!
Tive grandes olhos,
Que a paixão dos homens
(Estranha paixão!)
Fazia maiores...
Fazia infinitos.
Diz: não me conheces?
– Não conheço não.

– Se eu falava, um mundo
Irreal se abria
À tua visão!
Tu não me escutavas:
Perdido ficavas
Na noite sem fundo
Do que eu te dizia...
Era a minha fala
Canto e persuasão...
Pois não me conheces?
– Não conheço não.

– Choraste em meus braços...
– Não me lembro não.

– Por mim quantas vezes
O sono perdeste
E ciúmes atrozes
Te despedaçaram!

Por mim quantas vezes
Quase tu mataste,
Quase te mataste,
Quase te mataram!
Agora me fitas
E não me conheces?

– Não conheço não.
Conheço é que a vida
É sonho, ilusão.
Conheço é que a vida,
A vida é traição.

Rondó do capitão

Bão balalão,
Senhor capitão,
Tirai este peso
Do meu coração.
Não é de tristeza,
Não é de aflição:
É só de esperança,
Senhor capitão!
A leve esperança,
A aérea esperança...
Aérea, pois não!
– Peso mais pesado
Não existe não.
Ah, livrai-me dele,
Senhor capitão!

8 de outubro de 1940

Piscina

Que silêncio enorme!
Na piscina verde
Gorgoleja trépida
A água da carranca.

Só a lua se banha
– Lua gorda e branca –
Na piscina verde.
Como a lua é branca!

Corre um arrepio
Silenciosamente
Na piscina verde:
Lua ela não quer.

Ah o que ela quer
A piscina verde
É o corpo queimado
De certa mulher
Que jamais se banha
Na espadana branca
Da água da carranca.

Petrópolis, 25-3-1943

Pousa a mão na minha testa

Não te doas do meu silêncio:
Estou cansado de todas as palavras.
Não sabes que te amo?
Pousa a mão na minha testa:
Captarás numa palpitação inefável
O sentido da única palavra essencial
– Amor.

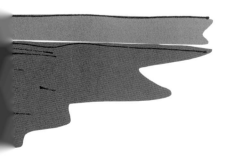

Canção

Mandaste a sombra de um beijo
Na brancura de um papel:
Tremi de susto e desejo,
Beijei chorando o papel.

No entanto, deste o teu beijo
A um homem que não amavas!
Esqueceste o meu desejo
Pelo de quem não amavas!

Da sombra daquele beijo
Que farei, se a tua boca
É dessas que sem desejo
Podem beijar outra boca?

Desafio

Não sou barqueiro de vela,
Mas sou um bom remador:
No lago de São Lourenço
Dei prova do meu valor!
Remando contra a corrente,
Ligeiro como a favor,
Contra a neblina enganosa,
Contra o vento zumbidor!
Sou nortista destemido,
Não gaúcho roncador:
No lago de São Lourenço
Dei prova do meu valor!
Uma só coisa faltava
No meu barco remador:
Ver assentado na popa
O vulto do meu amor...
Mas isso era bom demais
– Sorriso claro dos anjos,
Graça de Nosso Senhor!

1938

Haicai tirado de uma falsa lira de Gonzaga

Quis gravar "Amor"
No tronco de um velho freixo:
"Marília" escrevi.

O exemplo
das rosas

Uma mulher queixava-se do silêncio
                    [do amante:
– Já não gostas de mim, pois não
            [encontras palavras para
                        [me louvar!
Então ele, apontando-lhe a rosa
            [que lhe morria no seio:
– Não será insensato pedir a esta
                    [rosa que fale?
Não vês que ela se dá toda no seu
                        [perfume?

Confissão

Se não a vejo e o espírito a afigura,
Cresce este meu desejo de hora em hora...
Cuido dizer-lhe o amor que me tortura,
O amor que a exalta e a pede e a chama e
[a implora.

Cuido contar-lhe o mal, pedir-lhe a cura...
Abrir-lhe o incerto coração que chora,
Mostrar-lhe o fundo intacto de ternura,
Agora embravecida e mansa agora...

E é num arroubo em que a alma desfalece
De sonhá-la prendada e casta e clara,
Que eu, em minha miséria, absorto a
[aguardo...

Mas ela chega, e toda me parece
Tão acima de mim... tão linda e rara...
Que hesito, balbucio e me acobardo.

Chama e fumo

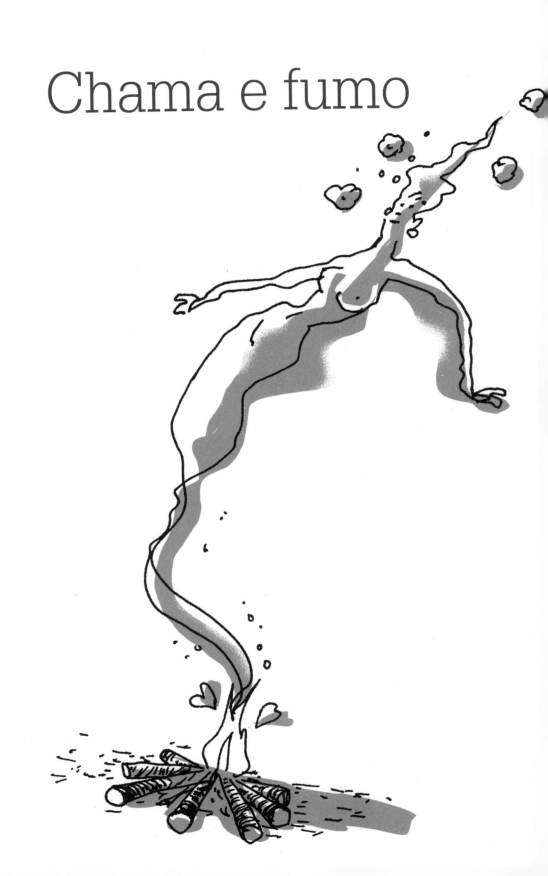

Amor – chama, e, depois, fumaça...
Medita no que vais fazer:
O fumo vem, a chama passa...

Gozo cruel, ventura escassa,
Dono do meu e do teu ser,
Amor – chama, e, depois, fumaça...

Tanto ele queima! e, por desgraça,
Queimado o que melhor houver,
O fumo vem, a chama passa...

Paixão puríssima ou devassa,
Triste ou feliz, pena ou prazer,
Amor – chama, e, depois, fumaça...

A cada par que a aurora enlaça,
Como é pungente o entardecer!
O fumo vem, a chama passa...

Antes, todo ele é gosto e graça.
Amor, fogueira linda a arder!
Amor – chama, e, depois, fumaça...

Porquanto, mal se satisfaça,
(Como te poderei dizer?...)
O fumo vem, a chama passa...

A chama queima. O fumo embaça.
Tão triste que é! Mas... tem de ser...
Amor?... – chama, e, depois, fumaça:
O fumo vem, a chama passa...

Teresópolis, 1911

Cantiga

Nas ondas da praia
Nas ondas do mar
Quero ser feliz
Quero me afogar.

Nas ondas da praia
Quem vem me beijar?
Quero a estrela-d'alva
Rainha do mar.

Quero ser feliz
Nas ondas do mar
Quero esquecer tudo
Quero descansar.

Arte de amar

Se queres sentir a felicidade de
    [amar, esquece a tua alma.
A alma é que estraga o amor.
Só em Deus ela pode encontrar
    [satisfação.
Não noutra alma.
Só em Deus – ou fora do mundo.

As almas são incomunicáveis.

Deixa o teu corpo entender-se com
    [outro corpo.

Porque os corpos se entendem, mas
    [as almas não.

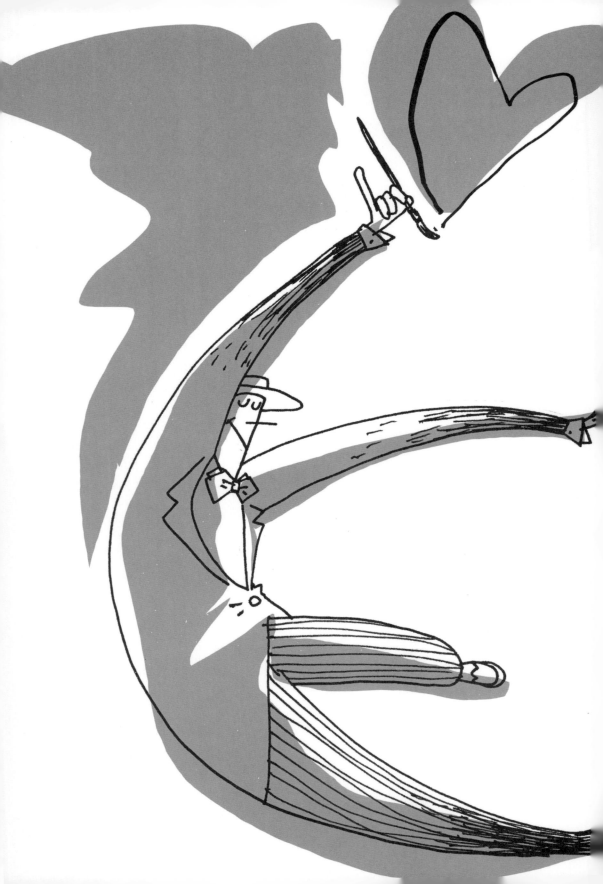

Balada para Isabel

Querem outros muito dinheiro;
Outros, muito amor; outros, mais
Precavidos, querem inteiro
Sossego, paz, dias iguais.
Mas eu, que sei que nesta vida
O que mais se mostra é ouropel,
Quero coisa muito escondida:
– O sorriso azul de Isabel.

Um mistério tão sorrateiro
Nunca o mundo não viu jamais.
Ah que sorriso! Verdadeiro
Céu na terra (o céu que sonhais...)
Por isso, em minha ingrata lida
De viver, é a sopa no mel
Se de súbito translucida
O sorriso azul de Isabel.

Quando rompe o sol, e fagueiro
O homem acorda, e em matinais
Hosanas louva o justiceiro
Deus de bondade – o que pensais
Que é a coisa mais apetecida
Do mau bardo de alma revel,
Envelhecida, envilecida?
– O sorriso azul de Isabel.

OFERTA

Não quero o sorriso de Armida:
O sorriso de Armida é fel
Junto ao desta Isabel querida.
– Quero é o teu sorriso, Isabel.

Madrigal muito fácil

Quando de longe te vi,
Quando de longe te via,
Gostei logo bem de ti.
Como é bonita! eu dizia.

Mas por enganar aquilo
Que dentro de mim senti,
Que dentro de mim sentia,
Pensei de mim para mim
Que a distância é que fazia
Me pareceres assim.

Não era a distância não!
Pois chegou aquele dia
Em que te apertei a mão
Sem saber o que dizia.
E vi que eras mais bonita,
Porém muito mais bonita
Do que para o meu sossego
A distância te fazia.

Quanto mais de perto mais
Bonita, era o que eu dizia!
E desde então imagino
Que mais linda te acharia,
Mais fresca, mais desejável,
Mais tudo enfim, se algum dia
– Dia ou noite que marcasses –
Se algum dia me deixasses
Te ver de mais perto ainda!

Manuel Bandeira nasceu em 19 de abril de 1886, em Recife, e faleceu no Rio de Janeiro, em 13 de outubro de 1968. Em 1904, doente de tuberculose, abandonou os estudos de arquitetura e começou a se dedicar exclusivamente à literatura. Publicou seu primeiro livro, *A cinza das horas*, em 1917. Considerado um dos poetas brasileiros de maior influência sobre as novas gerações, foi também professor, jornalista, cronista, ensaísta e, a partir de 1940, membro da Academia Brasileira de Letras.

Orlando Pedroso nasceu em São Paulo, em 1959. Artista gráfico e ilustrador, trabalhou com praticamente todas as publicações da grande imprensa. Já ilustrou mais de sessenta livros infantojuvenis e venceu na categoria melhor ilustrador do Troféu HQ Mix em 2001, 2005 e 2006. Expôs em mostras individuais e, em 2008, fez uma exposição retrospectiva de trinta anos de trabalho como artista convidado do 35º Salão de Humor de Piracicaba. Pela Global, é autor dos livros *Vida simples* e *Uêba! Voltando da escola*.